© Idara Paikar

Malbe mein daba Mausam *(Poetry)*

by: Azam Rahi

Edition: June '2024

Publisher :

Taemeer Publications LLC (Michigan, USA / Hyderabad, India)

ISBN 978-93-5872-321-2

9 789358 723212

کتاب	:	**ملبے میں دبا موسم** (نثری شاعری)
مصنف	:	**اعظم راہی**
صنف	:	شاعری
ناشر	:	تعمیر پبلی کیشنز (حیدرآباد، انڈیا)
سالِ اشاعت	:	۲۰۲۴ء
صفحات	:	۱۱۲

ملبے میں دبا موسم

(نثری شاعری)

اعظم راہی

ہادیہ شبنم کے نام

نام کتاب : ملبے میں دَبا موسم
صِنف : نثری شاعری
شاعر : اعظم راہی
پتہ : 127/3RT وجئے نگر کالونی
حیدرآباد ۵۰۰۴۵۷
کتابت : محمود سلیم
سرورق : اعظم راہی
تزئین و ترتیب : رؤف خلش
حسن فرخ
ہادیہ شبنم

اعظم راہی

اعظم راہی اور رؤف خلش میرے دو ایسے قریبی دوستوں میں سے ہیں جن سے اپنے تعلقات کی نوعیت کو تجزیہ، تنقید اور تبصرہ سے بالاتر سمجھا جا سکتا ہے۔ ایسے کسی مقام پر جہاں بہت سے مہذب لوگ جمع ہوں اور از راہِ تہذیبِ اخلاق، سرگوشیوں سے کچھ ہی بلند آواز میں یوں محوِ گفتگو ہوں کہ سرسری نگاہ ڈالنے پر ان کی جانب سے کسی سازش کی منصوبہ سازی کا شُبہ پیدا ہو اور ایسے میں کسی سمت سے کوئی کثیف بھرائی ہوئی یا بہت ہی نحیف لیکن تیز اور چبھتی ہوئی سی گالی گونج اُٹھے تو میں اِدھر دیکھنے کی زحمت کئے بغیر ہی سمجھ لیتا ہوں کہ یہ جگہ بھی اعظم راہی یا رؤف خلش کی دسترس سے محفوظ نہیں رہی کیونکہ ان دونوں کے علاوہ صرف انور رشید ہی اس قسم کی بدپرہیزی کیا کرتا ہے۔ اس کیفیت سے یہ نہیں سمجھ لینا چاہیئے کہ راہی کا تہذیب و تمدن سے کوئی واسطہ نہیں ہے بلکہ اس کے برخلاف اس کا تہذیب و تمدن اور ثقافت سے اس قدر گہرا رشتہ ہے کہ بعض اوقات اُسے کھنگالنے پر صرف یہی اشیاء برآمد ہوتی ہیں، اعظم راہی کا کہیں پتہ نہیں چلتا۔

راہی سے میری ملاقات کب ہوئی، کیوں اور کہاں ہوئی تھی یہ بات میرے حافظہ کے خانے سے کہیں گم ہو چکی ہے۔ پہلی ملاقات ہمارے افسانوی ادب کی اہم ترین خصوصیات

میں شامل ہے لیکن راہی سے میری پہلی ملاقات یا اس سے میری تعلقات کی نوعیت افسانوی نہیں حقیقی ہے۔ اسی لئے شاید وہ واقعہ یاد نہیں رہا لیکن اتنا ضرور یاد ہے کہ اس سے پہلی ملاقات سے قبل میں مدیر "صبا" جناب سلیمان اریب اور مدیر "شاعر" جناب اعجاز صدیقی سے مل چکا تھا۔ ان دونوں مدیران میں بلا کا فرق محسوس ہوا تھا۔ ایک میں قلندری اور بانکپن تھا اور دوسرے میں حد درجہ ثقہ پن۔ اس پس منظر میں راہی سے جب مدیر "پیکر" کی حیثیت سے ملاقات ہوئی تو میں اس سے ذرہ برابر بھی متاثر نہیں ہو سکا تھا۔ اس زمانے میں 'پیکر' اپنے پہلے دَور کے تقریباً آخری مراحل میں تھا۔ میرے لئے حیرت کی بات یہ تھی کہ آخر اس شخص کو ادبی ماہ نامہ نکالنے کا مشورہ کس نامعقول نے دیا ہوگا؟ یہ سوال بہت دنوں تک میرے ذہن میں گونجتا رہا تھا۔ اگرچہ اس دوران راہی سے کئی بار ملاقاتیں ہوئیں اور سیاست، فلم، حالاتِ حاضرہ اور ادب پر بہت سی باتیں ہوئیں لیکن میری اُلجھن دور نہیں ہو سکی۔ بہت عرصہ بعد رؤف خلش کے ساتھ جب میں نے ایک کتاب کے سلسلے میں ایک تفصیلی انٹرویو لیا تب مجھے پتہ چلا کہ ڈاکٹر اقبالؔ کے بہت ہی قریبی شاگرد ڈاکٹر عباس علی خاں لمعہؔ (مرحوم) جن کا ایک مجموعہ کلام "پریم رس" کے نام سے شائع ہو چکا ہے اور جن کا "مکاتبِ اقبال" میں تفصیلی ذکر ملتا ہے، راہیؔ کے ماموں تھے اور اپنے شاعر خالہ زاد بھائی منظور الحسن بزمی سے وہ متاثر رہا جس کے سبب اُسے ایک ادبی پس منظر ملا۔ کم عمری میں والد کے انتقال، افرادِ خاندان میں سے اکثریت کا رویہ اور معاشی حالات کے اچانک پلٹا کھانے سے نہ صرف اس کی شخصیت میں کھردرا پن پیدا ہوا بلکہ حالات سے فرار کی فطری خواہش نے کتابوں اور رسالوں کی دُنیا سے بھی روشناس کروایا۔ ہندوستان اور پاکستان کے بہت سے معیاری رسائل اور جرائد جو اس کے والد کے ہاں آیا کرتے تھے اور ان کی لائبریری میں موجود عزیز احمد سعادت حسن منٹو اور ممتاز مفتی کی تصانیف اس کے لئے پناہ گاہ بن گئیں اور اس کے ذوق کی تسکین اور نشو و نما کے سامان فراہم کئے۔ اُن ہی دِنوں بدر افسر مدیر "محفل" سے ملاقات ہوئی اور اس رسالے سے بہت دنوں تک وابستہ رہا۔ 'محفل' کی مسدودی کے بعد راہیؔ کو حیدرآباد سے ایک مکمل ماہنامہ کی اشاعت کا خیال پیدا ہوا اور بدر افسر

نے اس خیال کو 'پیکر' کے روپ میں ڈھالنے کے عمل میں راہی کی مدد کی۔ پیکر کا پہلا شمارہ مارچ ۱۹۵۸ء کو شائع ہوا تھا۔ پیکر کے لئے اپنی بھرپور کوششوں کے باوجود راہی کی شخصیت کی ٹیڑھ کے سبب (مقامی) ادبی حلقوں سے اُسے عدم تعاون ہی ملا۔

۱۹۶۰ء سے 'پیکر' اور راہی کی زندگی کا دوسرا دور شروع ہوا جس کے دوران آہستہ آہستہ اُسے خان معین، ساجد اعظم، محمود انصاری، رؤف خلش، احمد جلیس، بادیہ شبنم اور جگدیش بمل کا تعاون حاصل ہوا۔ اور 'پیکر' کا یہ دور جو اس کی اچانک بادیہ شبنم سے شادی کے بعد اور اسی ہنگامے میں ختم ہوگیا۔ یہ کئی اعتبار سے بے حد اہمیت کا حامل ہے۔ اس دور میں 'پیکر' نے ہندوستان بھر کے نئے لکھنے والوں کو ایک ایسی خام توانائی دی، جو زمین کی پرتوں کو چیر کر نمودار ہونے کا تہیہ کئے ہوئے اور راہ کی تمام رکاوٹوں بشمول دیواروں سے بھی اونچے نقوشِ پا کو پامال کر دینے کا جوش جلو میں لئے ہوئے تھے۔ اُن دنوں 'پیکر' میں "ہمارے اصنامِ ادب" کے کے زیرِ عنوان "بُت شکن" کے قلم سے ایک تنقیدی سلسلہ شروع ہوا تھا جو کافی حد تک زیرِ بحث رہا اور جس کے تانے بانے آج کی موجودہ بحثوں، رویوں اور مزاج کی حدوں کو چھوتے ہیں۔ اس میں شک نہیں کہ ان مضامین میں تنقید کے اعتبار سے متعین تنقیدی اقدار کا کوئی خاص لحاظ نہیں رکھا گیا تھا لیکن ان مضامین کی حیثیت بلی کے گلے میں گھنٹی باندھنے جیسی ضرور تھی اور ان مضامین کا برہم لب و لہجہ بہر حال مستقبل کی راہ متعین کرنے کا ایک جراءت مندانہ قدم تھا۔

مجھے بار بار احساس ہو رہا ہے کہ راہی کا ذکر کرتے ہوئے اس کی اپنی شخصیت کے خطوط اور صلاحیتوں کے خطوط 'پیکر' اور حلقہ احباب کے تذکرے کے ساتھ مدغم ہوتے جا رہے ہیں لیکن مشکل یہی ہے کہ ان دونوں عناصر کے درمیان اس قدر نازک فرق ہے کہ انھیں علٰحدہ علٰحدہ کرنے کا مطلب محض خلا اور ادھورا پن ہی رہ جاتا ہے۔ اپنی فطرت میں پائے جانے والے پیچیدہ عناصر اور کامپلکس کے باوجود راہی، دوستی اور دشمنی میں اس قدر دو ٹوک ہے کہ بعض اوقات اس کے اس جذبہ سے خوف محسوس ہوتا ہے۔ اسی طرح وہ ایڈیٹر کی حیثیت سے بھی دو ٹوک ہے۔ اس کی

صلاحیت کے حقیقی جوہر صرف اسی حیثیت میں پوری طرح نمایاں ہوتے ہیں۔ میرے لئے یہ بات بڑی حیرت انگیز رہی ہے کہ جہاں راہی زندگی کے حقیقی پہلوؤں، اپنی افسانہ نویسی اور شاعری میں اپنی پیچیدہ فکر اور شخصیت سے دامن نہیں چھڑا سکتا ہے وہیں وہ ایڈیٹر کی حیثیت سے ترتیب و تدوین اور ادارت کے مراحل سے لے کر اس کی صوری خصوصیات کی صورت گری کے مراحل تک میں کہیں بھی اپنے اندر کی جھلک کو نمایاں نہیں ہونے دیتا اس کی ہمیشہ کوشش رہی ہے کہ 'پیکر' کو ایک ایسا جریدہ بنایا جائے جو نہ صرف ادب ہی پر مشتمل نہ ہو بلکہ اسے ادب کے بھی خاص پہلو کی نمائندگی اور ترجمانی سے محفوظ رکھا جائے اور زندگی ہی کی طرح اس رسالہ کو بھی متنوع، بوقلموں، رنگا رنگ بنایا جائے۔

وہ اس بات کے لئے کوشاں رہا ہے کہ 'پیکر' جہاں عصری اور عوامی تقاضوں کی تکمیل کرے وہیں وہ زندگی کے بنیادی اور دائمی معیارات اور اقدار کو بھی اپنے آپ میں سمٹ سکے۔

اکثر رسائل و جرائد کی انفرادیت، ان کا کوئی ایک ٹائپ یا رجحان رہا ہے جو دراصل اس کے مدیر کا ٹائپ ہوا کرتا ہے لیکن اپنی تمام کمزوریوں اور اپنے ایک مکمل ٹائپ کے باوجود راہی نے 'پیکر' کو کسی مخصوص ٹائپ سے بچایا ہے۔ اور یہی اس کا سب سے بڑا کارنامہ ہے کیونکہ 'ٹائپ' انفرادیت کی پہچان یا اس کا ناگزیر عنصر تو کجا اس کا ابتدائی عنصر بھی نہیں ہوتا۔ ٹائپ تو محدودیت کی علامت ہے۔ راہی کی اس خوبی یا اس کی شخصیت کے اس پہلو کے تجزیہ کی سچائی کا ثبوت ہے کہ کسی بھی موضوع پر آپ راہی سے ذاتی تبادلۂ خیال کے دوران زائد از (۹۰) فیصد اختلاف محسوس کر سکتے ہیں۔ لیکن 'پیکر' میں شائع شدہ کسی بھی موضوع سے آپ کے اختلاف کا تناسب (۱۰) فیصد سے زیادہ نہیں ہوسکتا۔ اس طرح بحیثیت مدیر 'پیکر' راہی نے اپنے اندر سے گریز کا جو نیا معیار قائم کیا ہے میرا خیال ہے کہ اس میں اس بات کا دخل ہے کہ ادب اور اور زندگی کی سکہ بازار اقدار اور دائمی و بنیادی اقدار میں تمیز پائی جاتی ہے اور ان اقدار کی اہمیت اور انھیں اختیار کرنے اور رواج دینے کا اِسے شدید احساس ہے۔

راہی ایک ایسا دھن کا پکا انسان ہے جس پر کسی دھن کے دورے وقفہ وقفہ سے پڑا کرتے ہیں۔ اکثر یہ بھی ہوتا ہے کہ کسی دھن میں مبتلا کسی سمت تیزی سے

بڑھنے کے دوران ہی اس پر کوئی دوسری دُھن اچانک قبضہ جمالیتی ہے اور وہ اس نئی دھن کے تعاقب میں روانہ ہوجاتا ہے لیکن دو ایسی دُھنیں بھی ہیں جو بُری عادتوں یا لتوں کی طرح عرصہ دراز سے راہی پر قبضہ کئے ہوئے ہیں ایک کا اِسم شریف ہے 'پیکر' اور دوسری کا تعارف "اُردو ٹائپ" کے نام سے کیا جاسکتا ہے۔

'پیکر' کے ساتھ راہی کا نام اس طرح لازم ہے جس طرح شاید بادیہ شبنم کا بھی نہ رہا ہو۔ یہ صحیح ہے کہ 'پیکر' کے بغیر بھی راہی بہت کچھ ہے لیکن یہ بات بھی بالکل درست ہے کہ راہی کے بغیر 'پیکر' کا کوئی تصور نہیں کیا جاسکتا 'پیکر' دراصل راہی کی تمام نفسیاتی کیفیتوں اور اس کی اوٹ پٹانگ اختراعات کا جیتا جاگتا نمونہ تھا۔ بعد میں جب اس میں اس مکمل ہم آہنگی اور یکجہتی کے باوجود 'پیکر' اور راہی میں ایک بعد المشرقین بھی پایا جاتا رہا ہے۔ راہی حقیقی سرپرست کے عدم وجود کے باوجود اپنی افتادِ طبع کے سبب کبھی لاوارث نہیں رہا لیکن — راہی کی بھرپور توجہ، پرورش، تربیت' دیکھ بھال اور والہانہ پن کے باوجود 'پیکر' سرپرستی سے محروم رہا ہے۔ یہ عجیب وغریب اور مافوق الفطرت صورتحال بجائے خود ایک مقصد اور تحریک کا درجہ رکھتی ہے۔ ویسے ان دونوں یعنی 'پیکر' اور راہی کے تعلقات کی نوعیت کبھی مبہم' کبھی مہمل' کبھی مشکوک اور کبھی کبھی والہانہ پن کی منازل میں داخل ہوگئی ہے جن کے سمجھنے کے لئے سلوک کی منزلوں سے گزرنا ضروری ہے۔

راہی کی دوسری مستقل دھن "اُردو ٹائپ" ہے، جس کے ساتھ اُس کا رویہ بظاہر جذباتی لیکن درحقیقت معاندانہ ہے۔ خود مجھے برسوں یہ اندیشہ رہا ہے کہ وہ اس دھن میں شاید کہیں جنون کی منزل میں نہ داخل ہوجائے لیکن ہمیشہ میں نے یہ دیکھا ہے کہ وہ اچانک اس سے اپنا دامن چھڑا کر کہیں دُور کھڑا ہوجاتا ہے اور اس پوری کارروائی پر قہقہے لگاتا ہوا کسی دوسرے منفعت بخش راستے کو اختیار کرلیتا ہے۔ راہی کی شخصیت کا تضاد ایسے ہی مقام پر اپنے گُل کھلاتا ہے چنانچہ ہر کوئی اس بات سے بخوبی واقف ہے کہ وہ اس موڑ پر' کسی بھی منفعت بخش

راہ سے اپنا منہ موڑ لیتا ہے جو کہ منزل سے پہلے آخری موڑ ثابت ہو سکتا تھا۔ اس اچانک فیصلہ کا سبب اُس کی ذہنی اور قلبی اُلجھن اور ضمیر کی کشمکش کے سوا کچھ اور نہیں ہوتی' اب وہ پھر ایک بار ان ہی راہوں پر گامزن ہو جاتا ہے جو اسے ذہنی اور قلبی سکون مہیا کر سکتی ہیں اور یہ راہیں ہیں "پیکر" اور "اُردو ٹائپ"۔ اس کی زندگی سے تعلق رکھنے والے یہ دونوں عناصر اس کے دوست بھی ہیں اور دشمن بھی۔ دوست کی حیثیت سے اُسے اطمینانِ قلب مہیا کرتے ہیں اور دشمن کے طور پر اس کی کامیابی کی ہر راہ پر بھوت بن کر نمودار ہو جاتے ہیں اور راہی کو وہاں سے بھاگ کھڑا ہونے پر مجبور کرتے ہیں۔

بظاہر راہی کی زندگی اس کی ماں' بیوی اور فی الحال دو بچے ہیں جن کے ساتھ وہ خوشگوار گھریلو زندگی گزار رہا ہے لیکن دراصل یہ پہلو اس کی زندگی نہیں بلکہ اس کا فرار ہے۔ دشواریوں کے سامنے ڈٹ جانا اور پھر اپنے آپ سے' اپنی خواہشوں سے اپنے اطمینان سے اور اپنے پُرسکون حالات سے فرار کی راہیں تلاش کرتے رہنا اور ذرا سے اشارہ پر ان کی سمت دوڑ لگانا راہی کا مستقل طرزِ حیات ہے اور اس پوری کشمکش اور تصادم کے بارے میں اس کے نازک اور انفرادی احساسات کبھی پیکر کا روپ اختیار کر لیتے ہیں کبھی بشمول اُردو ٹائپ دیگر تجاویز میں منہمک ہو جاتے ہیں ——— اور کبھی تخلیقی روپ میں ڈھلتے ہیں۔ اس تصنیف میں شامل تخلیقات دراصل ایسے ہی احساسات و تجربات کی ترسیل کا جیتا جاگتا نمونہ ہیں۔

راہی نے اپنے باقاعدہ ادبی سفر کا آغاز کہانیوں سے کیا تھا لیکن اس کا پہلا مجموعہ شعری تخلیقات کے روپ میں سامنے آرہا ہے۔ یہ بھی اس کی دلچسپ خصوصیات میں سے ایک ہے۔

جہاں راہی' کہانیوں میں ڈرامائی نقطۂ عروج کے پس منظر اور اس کے نفسیاتی تجزیہ کے ذریعہ اشتعال انگیزی پر فنی نگاہ ڈالنے کی کوششوں میں نظر آتا ہے وہیں شاعری کے ساتھ اس کے تعلقات کی نوعیت ذرا بدلی ہوئی ہے۔ شاعری کی ابتدا اُس نے یوں تو غزل سے کی اور ان غزلوں کا مزاج بھی عام ڈگر

سے تھوڑا سا ہٹا ہوا ہے۔ زیرِ مطالعہ مجموعے میں نظموں میں راہی کا انداز تجزیہ اور احساس کے منطقی جواز کی صراحت و ترسیل سا نہیں بلکہ محض ہلکے پھلکے وار کا سا ہے البتہ ان میں عصری حسیت اور دائمی اقدار کی جھلکیاں بھرپور اور SHARP انداز میں نمایاں ہوتی ہیں۔ میں یہاں راہی کی شاعری یا افسانہ نویسی کا تنقیدی جائزہ نہیں لے رہا ہوں بلکہ تنقید جن کا شوق اور پیشہ ہے ان کے لئے بعض سہولتیں اور اشارے فراہم کر رہا ہوں۔ اس مرحلے پر میں، مختصر سے مضمون میں تنقید جیسے ہمہ وقتی موضوع کو چھیڑنے کا خواہاں نہیں ہوں اور نہ ہی میں اس مجموعہ کا مطالعہ کرنے والوں پر اپنی کسی بھی قسم کی رائے کو مسلط کرنا ضروری سمجھتا ہوں' یہ ایک تفصیل طلب اور ایسا فرض ہے جو مجھ پر عائد تو ہوتا ہے لیکن میں اس کی تکمیل متعاقب کروں گا۔ یہاں میری بحث راہی کی شخصیت اور اس کے فن بالخصوص شعر کے ساتھ تعلقات کی نوعیت سے ہے۔ میرا خیال ہے کہ یہ نوعیت میر کارواں اور کارواں کی سی نہیں اور نہ ہی معاندانہ ہے لیکن یہ نوعیت ہمراہی جیسی بھی نہیں بلکہ قلندرانہ اور بے نیازانہ ہے۔ اس رجحان کو نظموں کے مطالعہ کے دوران محسوس کیا جاسکتا ہے۔ میں راہی کو اس کے پہلے شعری مجموعہ پر دلی مبارکباد دیتا ہوں اور اُمید کرتا ہوں کہ وہ عوامی اور عصری تقاضوں کی تفہیم کے ساتھ ساتھ دائمی اور بنیادی اقدار کے ادراک کا ہمیشہ لحاظ رکھے گا ــــــ !!

حسن فرخ

نئی آواز

اعظم راہی اور میری دوستی کی بُنیاد وہ "ادبی ہم خیالی" ہے جس کا عملی مظہر ماہ نامہ 'پیکر' ہے اور 'پیکر' کی اجرائی مسدود ہونے کے باوجود یہ 'ادبی ہم خیالی' اتنی گہری اور پائدار ہے کہ وقت یا فاصلوں کی گرد اُسے دھندلا نہیں کرسکتی۔ راہی سے میری پہلی ملاقات غالباً ۱۹۶۰ء کے اوائل میں ہوئی۔ تعارف کرانے والے تھے محمود انصاری (مدیر روزنامہ 'منصف') ملاقات سے جان پہچان اور اس کے بعد دوستی ـــــ یہ تمام مرحلے بہت تیزی سے طے ہوئے۔ ہماری اس دیرینہ رفاقت میں اگر کوئی تیسرا زاویہ ہے تو وہ ہے حسن فرخ ـــــ جس کی شمولیت سے دوستی کے اس مثلث کی تشکیل مکمل ہوجاتی ہے۔ اگر میں پچھلے سولہ سترہ برسوں کا تذکرہ چھیڑنے لگوں تو یہ داستان انتہائی طویل ہوجائے گی جس کی کہنے کی فرصت نہ مجھے ہے اور نہ سُننے کا یارا آپ کو۔ اتنا ضرور ہے کہ اس دوستی نے جو اپنے شباب کو پہنچ رہی ہے ادبی انقلابات کی وہ تمام موشگافیاں دیکھی ہیں جس سے ہر نیا فن کار گزرا ہے۔ فی الحال میں اپنے مضمون کو اعظم راہی کی شاعری تک محدود رکھوں گا اور اس بات کا جائزہ لینے کی کوشش کروں کہ وہ کیا محرکات اور محسوسات تھے جس کی بناء پر راہی نے شاعری کو اپنے اظہار کا وسیلہ بنایا۔ اس کی شخصیت ہمیشہ ایک متنازعہ فیہ شخصیت رہی ہے۔ فطرتاً وہ بے لاگ، صاف گو اور اپنے رویّہ میں دو ٹوک رہا ہے۔ مصلحت اندیشی یا سمجھوتہ بازی اس کی سرشت

میں کبھی جگہ نہ پاسکی۔ حسن فرخ نے اپنے مضمون میں اس کی شخصیت کے گوشوں کی طرف واضح اشارے کئے ہیں۔ لہٰذا میں یہاں وہ باتیں نہیں دہراؤں گا۔ اپنے ایک دوست کے فن کے بارے میں لکھنا بے حد مشکل اور قدرے دیانت کا طالب ہوتا ہے اس کا اندازہ وہی لگا سکتے ہیں جو اس منزل سے گزرے ہیں کیوں کہ ہمیشہ اس کا خدشہ لگا رہتا ہے کہ کہیں جذباتی انسلاک آڑے نہ آجائے۔

راہی نے جب لکھنا شروع کیا تو کہانیاں اس کے فن کا روپ بن کر سامنے آئیں اس کے افسانے ملک کے مقبول و معیاری رسالوں میں چھپے اور قارئین نے راہی کو ایک افسانہ نگار کے روپ میں جانا۔ اس سے قبل بحیثیت مدیر ادبی حلقوں میں تو وہ متعارف تھا ہی۔ مجھ سے اگر حیدرآباد کے دو ایسے ایڈیٹروں کے نام لینے کو کہا جائے جو اپنی ژرف نگاہی، تنقیدانہ سوجھ بوجھ اور عصری رجحان شناسی میں اپنی مثال آپ ہیں تو میں دو نام لوں گا: سلیمان اریب اور اعظم راہی۔ راہی کی یہی ناقدانہ و مدیرانہ نظر اس کے فن کی راہ میں بھی مشعل کا کام دیتی رہی۔ راؔہی کی نظمیں جو اس مجموعہ میں شامل ہیں، آپ پڑھیں گے تو میری اس بات کی صحت کا اندازہ کرسکیں گے۔ راؔہی کے فنی اظہار کا ایک رُخ افسانے تھے تو دوسرا رُخ یہ شاعری ہے۔ ان نظموں کا تیکھا چبھتا ہوا لب و لہجہ، رمز و ایمائیت کے نشتر میں ڈبوئے ہوئے لفظ اس بات کی غمازی کرتے ہیں کہ راہی کی شاعری کو قافیہ پیمائی یا تک بندی سے دور کا بھی واسطہ نہیں۔

راہی ایک لحاظ سے بڑا خوش نصیب ہے وہ اس طرح کہ وہ اساتذہ کے کلام سے کبھی متاثر نہیں ہوا۔ کلاسیکی شعراء کے دواوین کا مطالعہ اس نے اس نظریہ سے نہیں کیا کہ زبان و بیان کے بندھے ٹکے سانچوں میں اپنی تحریر و تقریر کو ڈھال لے۔ دراصل روایتی شاعری کا اسلوب اتنا ظالم اور اتنا قاتل ہے کہ ایک اجتہاد کرنے والا اُس سے اپنا دامن چھڑانا چاہے تو معرکوں کا سلسلہ طے کرنا پڑتا ہے۔ شکر ہے کہ راؔہی اس دلدل میں کبھی نہیں پھنسا۔

راؔہی کی نظر میں ادب کا اصل منصب تبلیغ یا اصلاح نہیں بلکہ تزکیۂ نفس

ہے۔ یہی وہ قدر مشترک ہے جو راہی اور ہم جدید طرزِ فکر کے شاعروں کو ایک لڑی میں پروتی ہے۔

'پیکر' کے اجراء کے وقت یہی اُصول کار فرما تھا کہ وہ ادیب جو کا جُز بن چکے ہیں اور جنھوں نے اپنے مقصد کی تکمیل اور حصول کے لئے ادب کو آلۂ کار بنایا، ہماری نظر میں گردن زدنی ہیں اور ان اصنام ادب کو 'بُت شکنی' کے ہتھیار سے ڈھا دینا چاہیئے۔ یہ احساس اور بھی شدید ہوگیا۔ جب نئی پَود نے PRODUCTION اور CREATION میں حدِ فاصل مقرر کرنے پر زور دیا۔ مثال کے طور پر راؔہی کی ایک چھوٹی سی نظم 'تبدیلی' یہاں نقل کرتا ہوں:

تمہارا وجود
ایک پُرانی کہاوت سے کم نہیں
آؤ ——
اپنا یہ لباس اُتار پھینکو
اور
میرے ساتھ اس بھیڑ میں شامل ہوجاؤ — !

٥

CONTENT کے اعتبار سے راؔہی کی نظمیں بڑی حد تک متنوع ہیں۔ ایک اوسط شہری زندگی کے وہ تمام مسائل جن سے ایک برہم نوجوان دوچار ہوتا رہا ہے۔ راؔہی کی نظموں کا موضوع بنے ہیں لیکن شاعر نے اپنی تخلیقات میں محض مسئلہ کو چھیڑا نہیں ہے بلکہ اس سے پیدا شدہ احساس کا ایک فنکارانہ تجزیہ بھی کیا ہے۔ پُرانے اقدار کی شکست و ریخت کی ایک مثال نظم 'حبس' میں آپ کو ملے گی:

بچپن میں سنتے تھے
جس کی
عظمت کے قصّے

ہوش سنبھالا
تو
کتابوں میں اُس کو
محبوس پایا ---!!

o

ہر چند کہ راہی کی یہ نظمیں STRUCTURE یا FORM کے لحاظ سے مروجہ پیمانوں میں فِٹ نہیں ہوتیں اور یہی ان کی خوبی ہے کیونکہ فکر و خیال کی تبدیلی وقت کے ساتھ ساتھ رونما ہوتی ہے اور وقت کا مزاج متقاضی ہے کہ اُس سے ہم آہنگ ہونے کے لئے کسی پیمانہ، کسی سانچہ کی ضرورت نہیں بلکہ ہر EXPRESSION کو اپنے انفرادی تجربہ کی آنچ میں تپا کر پیش کیا جائے۔ روحِ عصر کی عکاسی اسی بناء پر ممکن ہے ورنہ ہم نئی پیڑھی کے فنکار روایت کی بازگشت بن کر رہ جائیں گے مجھے خوشی ہے کہ راہی کی نظمیں میرے اس نظریہ پر پوری اُترتی ہیں۔

o

راہی کی شاعری پڑھتے ہوئے ایک بات کا احساس بار بار آپ کو ہوگا کہ ہم جو یہ نظمیں پڑھ رہے ہیں یہ اس شاعری سے قطعی مختلف ہے جس کی زبان مروجہ قواعد کے تحت، محاورہ و روزمرّہ اہلِ زبان کے معیار کے مطابق ہوتا ہے یوں بھی ایسی زبان آج کے فنّی اظہار کے امکانات کھو چکی ہے۔ روایتی لب و لہجہ سے انحراف کی شعوری کوشش مزاج و فکر کے لحاظ سے آج کے شاعر کا حصّہ ہے اور مجھے یقین ہے کہ اعظم راہی کی یہ نئی آواز، شاعری کے ایوان میں سُننے والوں کو تازہ تازہ محسوس ہوگی اور وہ آج کی زندگی کا کرب اس میں جیتا جاگتا محسوس کرینگے۔ آیئے ہم سب اس کا خیر مقدم کریں گے۔

رؤف خلش

یہ شاعری ہے!

جیسے جیسے علوم میں اختصاص (SPECIALIZATION) اور (REGULARISATION) کا رواج عام ہو رہا ہے۔ ادب اور فن میں ہیئتوں (FORMS) کی شکست و ریخت کا بازار گرم ہو رہا ہے۔ یہ رویہ کچھ تو ادب اور فن میں تجربوں کے شوق اور 'دستور' کی وجہ سے پیدا ہوا ہے کچھ اس تلوّن اور بے چینی کی وجہ سے پیدا ہوا ہے جو ادیب اور فنکار کے مزاج میں ہوتا ہے۔ جو خارجی دُنیا کی پابندیوں کے ساتھ خود اپنی ذات کی گوناگوں اُلجھنوں اور پابندیوں سے بھی بے زاری' بغاوت اور روگردانی کو اپنا وسیلۂ اظہار بناتا ہے لیکن بیش تر نو آموز مبتدی اور محض شوقین ادیبوں اور فنکاروں میں یہ رویّہ ایک فیشن اور نام و نمود کے آسان نسخے کے طور پر پیدا ہوا ہے۔

آج نظم میں بے آہنگی (بلکہ بد آہنگی) اور نثر میں بے نظمی ابہام' اُلجھاؤ۔ کج مج بیانی اسی رویّے کی دین ہے۔ چونکہ ایسا اُدب میں ہو رہا ہے کو نظم کہا جارہا ہے۔ کوئی بھی نوجوان دس بیس کتابیں اور دو چار رسائل پڑھ کر ایسا ادب تخلیق کرنے لگتا ہے۔

ایسے دَور میں اعظم راہی کی شاعری کا مجموعہ قاری اور ناقد کے لئے کسی بھی غلط فہمی کا باعث ہوسکتا ہے اگر سرسری نظر سے دیکھا جائے۔!

مختصر نظموں کا یہ مختصر مجموعہ' اَعظم راہی کسی کو خبردار کئے بغیر ہی شائع کرنے

ہیں۔ یہ نظمیں کسی رسالے میں نہیں چھپیں اور جہاں تک مجھے علم ہے، اور بقول خود اعظم راہی کا بیان ہے کسی کو سنائی بھی نہیں گئیں اس لئے، یہ مجموعۂ کلام یا تو قارئین کو چونکا دے گا یا پھر گمنامی کے اندھیرے میں کھو جائے گا۔ ویسے اعظم راہی گمنام نہیں۔ اُردو کے ان قارئین کے لئے جنھیں، اُردو کے رسائل سے شغف رہا ہے، اعظم راہی کا نام نہ صرف مانوس نام ہے بلکہ ایسا نام ہے جو یاد رہ جاتا ہے۔ 'پیکر' کے مدیر کی حیثیت سے اعظم راہی ملک کے مقبول و غیر مقبول ادیبوں اور شاعروں سے دیرینہ ربط رکھتے ہیں۔ کچھ لوگوں سے یہ ربط، ربط خاص بھی رہا ہے۔ خاص طور پر ان ادیبوں اور شاعروں کے لئے، جن کی تخلیقات پہلے پہل چھپنے کے لئے اِدھر اُدھر بھٹکتی رہتی ہیں آج کے بہت سے جانے مانے ادیب اور شاعر، آج سے دس بارہ سال پہلے پہلی بار 'پیکر' میں نمودار ہوئے تھے۔ ان کا نمودار ہونا بھی — اعظم راہی کی شاعری کی طرح، کسی کو خبردار کئے بغیر واقع ہوا تھا، اس لئے اس کے امکانات ہیں کہ اس مجموعۂ کلام کو گمنامی کے اندھیرے سے شاید واسطہ نہ پڑے۔

○ جس طرح غزل کہنا آسان ہے اس طرح مختصر نظمیں کہنا بھی بہت آسان کام ہے لیکن غزل میں اچھا شعر نکالنا جس قدر مشکل ہے اتنا ہی مشکل ایک اچھی مختصر نظم کا کہنا ہے۔ اعظم راہی نے یہ مشکل کام اپنے سر لے لیا ہے اور کہیں کہیں اس مشکل سے بہ آسانی گزر گئے ہیں۔ مندرجہ ذیل نظمیں اس کی مثال ہیں:

○

موت کی سیہ ڈوری
اپنے گلے میں ڈال کر
میں یہاں آئی ہوں
میرا نام ہے
زندگی — !

(سلسلہ)

سولہ سال کی ایک بڑھیا کو
دیکھا میں نے
شہر کے ایک کونے میں
ہاتھ پسارے
مانگ رہی تھی
اپنی جوانی (مشاہدہ)

▲

گھر کے لق و دق آنگن میں
سورج تھا عمودی سمت میں جب
میرا بچہ
جلتی دھرتی کے سینے پر
اپنے سائے کو
اپنے ہی قدموں کے تلے
روندنے میں کوشاں تھا (فرار)

▲

تنہائی میں
بلّی کی طرح اپنے زخموں
کو نہ چاٹو
نہ اُن پر
کتّے کی جیبھ کا مرہم رکھو
تم اُنھیں
نمک ڈال کر روشن کر لو ۔ ▲

وہ مرے گھر کے ڈرائنگ روم میں
بیٹھا ہے
اس کے ہاتھ میں جو جام ہے
وہ میرا ہے
اور جام میں جو وہسکی ہے
وہ بھی میری ہے
وہسکی میں سوڈا میرا ہے
لیکن چہرے پر
جو مسکراہٹ ہے
وہ
اس کی نہیں ہے (ایجنٹ)

ان نظموں میں معنویت کی تہہ داری ہے جیسے کسی اچھے غزل کے شعر میں ہوتی ہے۔ آہنگ "وزن" کے ذریعہ پیدا کیا گیا ہے۔ بحر ہے لیکن "بحروں" میں خلط ملط ہوگئی ہے پھر بھی ایک کھنک، مصرعوں کے نشست و برخاست میں سنائی دیتی ہے۔ یہ نثری شاعری نہیں ہے۔ نہ ترتیبِ الفاظ کے اعتبار سے اور نہ اندرونی معنویت کے لحاظ سے۔ یہ شاعری ہے اور یہ ایک ایسے نوجوان کے لئے جس نے ابھی، بولنا سیکھا ہو، یہ نظمیں ایک فال نیک ہیں۔

——— عزیز قیسی

سلسلہ

موت کی سیہ ڈوری
اپنے گلہ میں ڈال کر
میں یہاں آئی ہوں

مرا نام ہے
زندگی ــ !

▲

خدا سے کہو

خدا سے کہو
"جسموں کے استوانوں میں بھری
مشرقی روحوں کا ذخیرہ ختم ہوا
اب یہ ہیولے کتابوں میں ہیں
پرانی روایت سے چمٹے ذہنوں میں ہیں
جو روحیں یہاں چل پھر رہی ہیں
وہ بدن کی آمیزش کے اندھے آئینے میں
سُنا ہے بہت جلد
جسموں سے روحوں کو مقطر کرنے کا آلہ بنے گا
مگر جب تلک
وہ اندھی روحیں جو جسموں میں گھُل مل گئی ہیں
بے جان ہو جائیں گی
اور
یہ بے پہچان ملبے
بس یونہی گمنام رہ جائیں گے!" ▲

تاویل

مذہب
اُس نے بھیجا
مذہب
وہ لے آیا
آج
وہ مذہب
ہماری جیب میں ہے — !

▲

زائچہ

اک سنگ تراش
مندر میں
مورتیں تراشتا رہا
بھگت آتے رہے
منتیں اور مُرادیں بر آتی رہیں
جشنِ چراغاں سنورتے رہے
اور
ایک بھگت، بھگوان کا
مورتیں بناتا رہا — !

▲

یزداںؔ

لوگ
اس کی عظمتوں کے
گیت گاتے ہیں
ہمیں آدیش دیتے ہیں
کہ
اس کی عظمتوں کو دیکھنے کی
آنکھ لے آؤ
مگر وہ بھول جاتے ہیں کہ
عظمتوں کو دُوریاں ہی دیکھ سکتی ہیں
اور
میں تو اس کی عظمتوں کا
اِک سراپا ہوں ـــ!

▲

سربستہ سیلاب

عقیدے کی جنّت میں رہتے ہوئے
ہیں لذّت کے پیاسے
عقیدے سے باہر وہ
لذّت کی خاطر ہیں کوشاں
لذّت
جو قلموں کی نوکوں میں پنہاں
لذّت
جو سازوں کی لے میں فروزاں
آنکھوں میں
ذہنوں میں
عقیدے سے باہر کہ بھیتر
لذت میں
ہم سب مگن ہیں ـــــ !

▲

نیا زاویہ

گھر کے لق و دق آنگن میں
سورج تھا عمودی سمت میں جب
میرا بچہ
جلتی دھرتی کے سینے پر
اپنے سائے کو
اپنے ہی قدموں کے تلے
روندنے میں کوشاں تھا ــ!

▲

حبس

بچپن میں سنتے تھے
جس کی عظمت کے قصّے
ہوش سنبھالا
تو
کتابوں میں اُس کو
محبوس پایا ــ!

▲

تسکین کا صحرا

اپنے درخشاں
مستقبل کے خیال میں
ہم خوش تو رہ سکتے ہیں
مگر
صحیفوں میں لکھا ہے کہ
__ "خوش فہمیوں کا ناگ
تم کو ڈس لے گا__"
لیکن
یہ تشنگی ہی تو ہے
زندگی کی
پگڈنڈی __!

▲

مطالعہ

مرے اندر
جھانک کے دیکھو
اِس کونے سے اُس کونے تک
پوشیدہ ادوار ہیں کتنے
نادانی سے دانائی تک

مرے اندر
زنگ آلودہ کتبے بھی ہیں
پڑھ جو سکو تو پڑھ لو ان کو — !

▲

مشورہ

سڑکوں پہ گھومو
کنوؤں میں جھانکو
تالابوں میں کنکر مارو
برگد کے نیچے نروان اُگاؤ
کھیتوں کے جنگلے پھاندو
سب کچھ کرلو
لیکن
درپن میں اپنا مُکھ نہ دیکھو — !

▲

تاوان

ضرورت تھی
دھرتی کو جب تک مری
وہ سہتی رہی مجھ کو اور لغزشوں کو مری
ضرورت تھی جب تک اُسے
میں اک دیوتا تھا
خلوص و وفا، اخلاق و کردار کا
مگر آج ......؟
.... پھر بھی
میں زندہ رہوں گا
کہ دھرتی کی چاہت تو میرے لئے، دل کا تاوان ہے۔!
▲

جراحت

میرے زخموں پہ تم
یوں
پسینے سے تر
اپنی اُنگلی نہ رکھو
درد کی سوئی چنگاریاں
راکھ کے ڈھیر میں
رینگ کر
پھر سے سو جائیں گی —!

▲

گم گشتہ

اِک حادثے کے بعد
مجھے کار سے وہ
گھر لے کے آئے
مگر
میرے اعضاء
تو اس حادثے میں
گم ہو چکے ہیں —!

▲

سرمایہ

مرے اندر وہ
صبح سے شام تک
لمحوں میں تقسیم ہوتا رہا
اور جو کچھ بچا
مرے نام چھوڑ کر
چلتا بنا
اب یہ سرمایہ
مرے لئے
اک بوجھ ہے — !

▲

تجزیہ

تم
وہ

اور وہ
ایک مثلث کے
تین زاویئے
اور میں
مربع کا اِک
زاویہ قائمہ
مربع جس کی فطرت
مساوات — !

▲

خود پرستی

بہت ہی خوب صورت ہے
داشتہ میری
سیہ زلفوں کے ریشم میں
زمانے کے بلکتے سب مسائل کو
گلوں سا وہ سجاتی ہے
نگاہوں میں رسیلی رُت
لبوں پہ کھیلتا جادو
مچلتا کوکتا جوبن
ہر اِک پل
مجھ سے قربت لیتی جاتی ہے
نگاہوں سے اُتر کر
مرے اندر
انگوٹھوں سے انگوٹھے
وہ ملاتی ہے
(اداؤں سے لبھاتی ہے)
بہت ہی خوب صورت ہے
داشتہ میری ۔۔! ▲

شکنجہ

دن
تھکا ماندہ نحیف
رات
"ٹیٹانس" کی مریضہ
اور میں
بھوکے ننگے ناتواں جسموں کے
قوسین میں
جکڑا ہوا ہوں منتظر
اُس کا جو کھو گیا ہے
میرے ہی اندر کہیں — !
▲

ہم خیالی

آج کل
محبت کرنے والوں میں
ہم خیالی
بس اتنی ہے
" پہلا بچہ ابھی نہیں
دو کے بعد پھر کبھی نہیں "
اس سے آگے
اجنبی روحوں کی بستی ہے — !
▲

ریشمی پاتال

رات اک بجلی سی چمکتی ہوئی
تلوار کی دھار
جس پہ وقت کی دھوپ میں
اکڑی ہوئی گردن رکھ
یاقوتی قطروں میں نہاتا جاؤں
اور یہ پُروائی
یہ گُل زار
یہ گھٹا کا موسم
ہر لمحہ دل سے گذرتی ہوئی
خون کی زائد مقدار
پیاس ہی پیاس
یا اِک تیز لہر
کسی سرد سے خلانے میں اُترتا جاؤں
یا کوئی پھینک دے
آتشِ سیّال کے گھیرے ہیں مجھے
رات آئے، ہاں کوئی رات
جھومتی اور مچلتی ہوئی تلوار سی رات
جس کے سائے میں
کہیں دور اندھیرا ہے گداز!

عہد

مرے احساسات کے
وسیع سمندر میں
اجتماعی جذبات کی
شارک مچھلیاں
مری اَنا کو کب سے
دبوچنے کے لئے بے قرار ہیں
میں
اپنے ہی وجود میں
اک صحرا ہوں
میں یہ سمندر پی جاؤں گا ـــ!

▲

ٹینشن

کمرے میں
بستر پر وہ
سنسان پڑی تھی
اور باہر
کھلے آسمان میں
اِک چیل
پر پھیلائے چیخ رہی تھی ـــ!

▲

رنگ رنگ اجنبی

اُس کی خواہش کے
رنگ عجب ہیں
کبھی آکاش کی مانند
دھرتی کو باہوں میں اپنی دبوچے
گھٹا بن کے
یہاں سے وہاں تک برستی ہی جائے
اور کبھی
دھرتی کی طرح
وشال آکاش کی گود میں خود کو رکھ کر
اُس سے کوئی دھڑکتی نشانی چرالے
مگر
یہ اک المیہ ہے
نہ وہ اب زمیں ہے
نہ میں آسماں ہوں
اپنی رگوں میں
اپنی ہنکار کا ہم
اک اُبھرتا سراب ہیں ــــ!

▲

اَنا

وہ
مرے کان سے
سنتی ہے
اور نہ
مری آنکھ سے
دیکھتی ہے
نہ مرے مُنہ سے بولتی ہے
پھر بھی
وہ مری ہے
خاموش
مرے ساتھ چل رہی ہے
دھیرے دھیرے جل رہی ہے — !

▲

کرب

درد بہت ہیں تنہا دل میں
کچھ اپنے
اور کچھ ہیں پرائے
لیکن ایک ہی کرب ہے ایسا
جس کے سندر ہاتھ کی اک انگلی میں
اک ناخن ہے
تیز
نوکیلا
اور لانبا ـــ!

▲

ردِّ عمل

میرا جسم
قطرہ قطرہ
اپنی طاقت اُس کو دے کر
صحت مند ہے
اور اس کا جسم
قطرہ قطرہ
میری طاقت جذب کر کے
دن بدن
لاغر ہوا جا رہا ہے ـ!

▲

اَدھورا خواب

عجب کیفیت ہے
بدن ہیں روح سے خالی
ذہنوں کے دریچے بند ہیں کب سے
دلِ بے تاب جیسے
ہوگیا ہے دھڑکنوں سے دور
یہ سچ ہے
ہمارے لب پتھر بن چکے ہیں
مگر اُس کی خموشی بھی ستم گر ہے
یہ خواہش ہے، ہوس ہے
یا وقت کی آواز
کہ
بدن میں روح چنچل بن کے جھومے
جھومتی جائے

پلوں کی دھڑکنوں میں ہو
بس اُسی شعلے کا چٹخارا
ذہن کے در کھُلے ہوں اور
دریچوں سے بہار آئے
مگر خواہش
کسی کی آنکھ کا موتی کسی کے لب کا انگارہ ــ!

▲

اَدھورا خطرہ

نیلی گنبد سے
اُترتی ہوئی رات کی بانہوں پہ
زیست کی بے خوف چادریں تان لو
دور دھند لاہٹوں میں
چھپی کرچیاں
جیسے بے چین چنگاریاں
سوکھے پیڑوں کے جنگل میں
روتی ہوئی
بانجھ پرچھائیاں ــ!

▲

قیمتی صفر

جب
گھر میں عورت آئی
میں تقسیم ہوا
پھر بچے آئے
اور تقسیم ہوا
پھر ایک دن میں
صفر بن گیا
اب
ہر تقسیم شدہ عدد کے لئے
بس اتنا ہی اہم ہوں
کہ
وقت پڑتا ہے تو وہ
اپنی طاقت بڑھانے کے لئے
میرا سہارا لیتے ہیں
پھر
صفر کہہ کہ
خود سے الگ کر دیتے ہیں ــــــ!

اِرتعاش

تم
اپنی ذات میں
اک سوکھا کنواں
میں
اپنے آپ میں
اِک ویراں گنبد
اور
ہم دونوں
ایک دوسرے میں
گونج رہے ہیں ـــ!
▲

خواہش

اُن نابینا لوگوں کی طرح
جو بینائی مِل جانے پر
اپنوں کو نہیں پہچان پاتے
کاش
کچھ ایسی بصارت
مجھ کو مِل جائے ـــ!
تو شاید کچھ قرار آئے ـــ!
▲

چلمن

مرے سامنے
جو عورت لیٹی ہوئی ہے
مرے ذہن کے گداز بستر پہ
لیٹی ہوئی عورت سے
بالکل مختلف ہے
ہم دونوں
اک دوسرے کے سامنے
ننگے ہو جاتے ہیں
لیکن
مرے سامنے
لیٹی ہوئی عورت
اندھیرے کی منتظر ہے۔!

▲

غلط فہمی

اُس کی بیوی
قرض خواہوں کے
مسلسل تقاضوں کے باعث
ہسٹیریا میں مبتلا ہوگئی
اور
وہ اپنا علاج کرواتا رہا۔!

▲

من و تو

جو میں ہوں
اگر
وہ بھی
وہی ہے
جو میں ہوں
تو
اِس سے اس کا
نہ ہونا بہتر ہے۔!

▲

شگون

چاند سے شگون نہ لو
چاند کا بھروسہ کیا
آج پورا
کل آدھا

چاند
ٹھنڈک ہے
چاند مد و جزر کا ساتھی ہے — !
چاند سے شگون نہ لو
چاند کا بھروسہ کیا — ؟ ▲

نیا دن

تمہاری یاد کے
ہلکے تھپیڑوں سے
رات کا سمندر
ہو چکا ہے پار
اب دن نکلنے والا ہے
زخم کھِلنے والا ہے — !
▲

آگہی

اپنے بارے میں
جو کچھ بھی تم جانتے ہو
صرف پر تولنے کی صدا ہے
ایک دن آئے گا
جب کہ تم
اِن مرمریں کمانوں کے اُس پار
بے خودی کے دشت میں کھو کے رہ جاؤ گے
تب
نئے دور کی
کھدائیوں میں
ناکام حسرت کے آثار بن کر
نکل آؤ گے

اپنے بارے میں
جو کچھ بھی تم جانتے ہو
صرف پر تولنے کی صدا ہے! ▲

موضوع

لمحے
ہضم نہ ہوں تو
اپنی یادداشت کی
تھوڑی سی کثافت چاٹو
اس طرح ذہن کی
بڑھتی ہوئی دلدل پاٹو
بھاگ چلو
دِل سے تناسل کی طرف

اور
تخلیق کرو
سُرخ سرابوں کے حِصار ۔!
▲

آس

کھیتوں کے اُس پار
اُفق میں کھوئی ہوئی
کسی پگڈنڈی کی طرح

دھیرے دھیرے
وہ بُلاتی ہے
پھر دُور کہیں
اندھیروں میں کھو جاتی ہے ۔!
▲

پیاس

دھوپ کبھی تو چھاؤں کبھی ہے
یہ سارا سنسار
جی میں آتا ہے کہ چھُولوں
میں بجلی کا ننگا تار ۔!
اُجلے چہرے چھاؤں ہوئے ہیں
میلے چہرے رات
ان چہروں کے پیچھے لیکن
دُور تلک ہیں گہرے غار
میں تنہا
تنہا یہ سنسار
جی میں آتا ہے کہ چھُولوں
میں بجلی کا ننگا تار
دھوپ کبھی تو چھاؤں کبھی ہے
یہ سارا سنسار ۔!

▲

پھیلاؤ

دل
گرفتارِ عتاب
نفرتوں کا مسکن
ذہن
لمحہ لمحہ اک تضاد
محوِ حیرت، روح بھی
کہ بدن میں دوڑتا پھرتا
مسلسل اک عذاب
اپنے اندر قطرہ قطرہ
حل ہوا جاتا ہوں میں
پھیلتا جاتا ہے ہر سُو
بے سبب اک انتشار ــــ!

▲

بے خواب آواز

اُس کی عادت کا
غم ہے ایسا
کہ رات ڈھلتی ہے
قطرہ قطرہ
بجرتی چھاگلوں کی مانند
دن ٹپکتا ہے لمحہ لمحہ
اس کی عادت کے غم میں ڈوبا
سیہ راتوں کے آئینے میں
اَنا کا پرتو
عکس اپنا نکھارتا ہے
بدن کی اندھی گپھا سے مجھ کو
پکارتا ہے ــــ!

▲

وقت

کل تک
میں
مناسب تھا
آج
نامناسب ہوں ــــ!

▲

بے تکمیل

کل تک
میں اپنے ساتھ تھا
آج
اکیلا پھرتا ہوں
مٹی میں دبے بدن کی خاطر
گھنٹوں قبر پہ روتے روتے
تھک جاتا ہوں
تب کوئی اُٹھ کر آتا ہے
اور میں اُس کو ساتھ لئے
چلتے پھرتے سایوں میں
پل بھر کے لئے
کھو جاتا ہوں —!

▲

بے وزنی

بھوکی نظریں
خالی نظریں
چکنی سڑکیں
ویراں سڑکیں
اور فلک
اک سادہ ورق
اب قوسِ قزح ہے
ایک سفیدہ!

▲

قید

کبھی کبھی
میں اپنے اندر
دھڑکنا چھوڑ دیتا ہوں
اور تھرمامیٹر
کے پارے کی طرح
آہستہ آہستہ
اپنی تہہ میں
بیٹھ جاتا ہوں
پھر نہ جانے کون سے لمحے
اپنی تہہ سے نکل پڑتا ہوں
مگر
تھرمامیٹر کے پارے کی طرح
اپنے خول سے باہر نہیں آنے پاتا — !

▲

بصیرت کا عذاب

آنکھیں جو کچھ دیکھ چکی ہیں
آنکھیں جو کچھ دیکھ رہی ہیں
جلتا سورج
تپتی دھرتی
پیلی چاندنی، مدھم دھوپ
لہو، بے چینی اور جلن
لیکن اب
آنکھیں دیکھیں گی
ایجادات کی دھول میں لپٹے
احساسات کے خون میں لتھڑے
چاند، ستارے!
سورج!!
دھرتی!!!

▲

برفیلا درد

جذبات کے سیہ پوش لیٹرے
دل کا آنگن پھاند کر
جب طوفانوں سے مل جاتے ہیں
دانتوں کی سلساہٹ
اندر جڑوں تک اتر جاتی ہے
میں
چپ چاپ تماشائی بن کر
(جب بھی خود کو دیکھتا ہوں)
میرے وجود کا ساگر
یخ بستہ ہو جاتا ہے!

▲

مانوس غلطی

مرد
جسے ہمیشہ وہ
اِک خطرہ سمجھا کرتی تھی
اپنی حفاظت کی خاطر
اب
اُس کی بانہوں میں
خود کو چھپائے
بیٹھی ہے —!

▲

یلغار

یہاں
ہر نفس ایک دوسرے کو
برت رہا ہے
بہتر نتائج کی آس لگائے
پھر
میں بھی کیوں نہ
ٹوٹ پڑوں اور
عبور کروں وہ سارے
حوادث
چوں کہ
زندگی بذاتِ خود
ایک خاموش
یلغار ہے ــــ!

▲

سیاست

کسی بھی مسئلے کا حل
یہاں
چچا سام سے یاری
یا
سام مزائیل کی خریداری
زندہ باد
غیر جانبداری ــ!

▲

نئی تشریح

—"تھی وہاں ساری دنیا کی خلقت جمع
بوڑھے، بچے جوان سب ہی تھے
عورتیں بھی طرح طرح کی تھیں
ہاں — عرب عورتوں کی بات ہے اور
پنڈلیاں گداز گداز
چوڑے سینے
بٹے ہوئے شانے
گھٹنے اوپر فراک
رُخ پہ نقاب
پنکھا سستا ہے، ریڈیو سستا
گھڑیاں سستی ہیں، لائٹر سستے
مال تازہ
ہر ایک شئے سستی"
جب وہ واپس ہوا
حج کی تشریح
اس طرح سے کی —!

▲

کچھ تو کرو

دُنیا دیکھو
اپنے پورے ہوش و حواس میں
اور جب سوچو
تو مدہوش ہو کر سوچو
کہ دنیا کیا ہے ۔ ؟
پُرکشش رعنائیاں
یا مسلسل اک عذاب

پھر
پلٹ آؤ دُنیا کی طرف
عذاب و ثواب کی ترازو
اپنے ہاتھ سے رکھ کر
نوحہ، زخم خوردہ خوابوں کی
پذیرائی کرو ۔ !

▲

وہی مسئلہ !

زمیں
سے اوپر
کہاں
چلیں ہم
ہماری خصلت تو
ضمیر
اپنا ہے اک وحشت
وجود
اپنا ہے ایک مسئلہ ۔ !

▲

بیزار سمندر

سروں پر گرتی ہوئی مضبوط
چھتوں کا بوجھ
بڑھتا جا رہا ہے
ذہن و دِل
فکر و جذبے
خوف سے سہمے
ٹھٹھرتے جا رہے ہیں
ہوائیں التجا بر لب
سمندر شور سے بیزار
پھر بھی
بدن میں " ناچاہ " خواہش
... ...!
مگر روح کیوں
ٹھٹھرتی جا رہی ہے ۔۔ !!

مُکتی

بیتے لمحوں کے آس پاس
ایک دائرے میں
گھوم رہا ہوں
اور
اک اندھیرے مرکز کی طرف
بڑھ رہا ہوں
شاید اِسی کے اُس پار
نروان کی کوئی تازہ کرن
منتظر ہو مرے لئے
وہ ــــ !
وہ بھی ساتھ ہے مِرے
لمحہ لمحہ اُس کی عمر
بھنور کی تیز رو کے ساتھ
گھٹ رہی ہے لہر لہر
اندھیرے مرکز کے پاس جب
"میں" مرا ساتھ چھوڑ دے
تو شاید
عبور کر جاؤں اپنی سیما ــــ !

▲

اِبنُ الوقت

نسخۂ کیمیاء
اُن کے ہاتھوں میں تھا
لے کے ساتھ اپنے وہ
ہر تونگر کے در پر بھٹکتے رہے
بانکی چتون سا
وہ
نسخۂ کیمیاء
تیز آنکھوں میں جس کی
منو کا منا
نسخۂ کیمیاء
ہر مصیبت میں اُن کا مداوا بنا
اُس طرح اُن کا سورج چمکتا رہا
اس طرح کارِ دنیا بھی
چلتا رہا ــــ!

▲

کلرکی

آج
ہفتہ ہے
کل کا غسل واجب ہے
کل ہے اتوار
اور فلم لازم ہے
پرسوں پیپر ہے
پھر جمعہ تک
کام
آفت ہے ــ!

▲

سوالؔ

مرے جسم کے
رِستے زخموں کو
دیکھ کر تم
یہی کہوگے
میں سڑ رہا ہوں
مگر ہو فرصت
کبھی جو تم کو
تو جاکے پوچھو
ان آئینوں سے
— " تمہارے اس اُجلے پیراہن کا
ہے کوئی مطلب ؟ "

▲

بے نظر اسیری

اک چار دیواری
جس میں بند ہیں
"گُلِ تر"
"رخسارِ سحر"
"خوابِ زلیخا"
"گردشِ ایام"
اور میں
مدتوں سے
"آئینہ در آئینہ"
تھکا تھکا سا
کوئی آئے
رہائی دلائے ــــ !

▲

ہم

وہ
اِک عظیم ایجاد تھی
جس کے سہارے
خلاؤں میں وہ اُڑتا پھرا
اور جب
واپس آیا تو اُس نے کہا
"ــــ ہم اِک عظیم قوم ہیں ــــ"
اس طرح
اُس نے خلا کے بھی
ٹکڑے کر دیئے ــــ !

▲

بزنس

دُعائیں
اتنی سیدھی
اتنی با مقصد نہ مانگو
کہ
خدا کو بھی اُنھیں منظور کرنے میں

... ... ؟
اپنی سمجھ کا فوکس ٹھیک کرلو
اور اُس کی رحمت و عنایت کی
قرعہ اندازی میں شامل ہوجاؤ
آؤ
ہم اپنے موجود
بزرگوں کی پیش گوئیوں پر
یقین کرلیں
یقین کرنے میں کیا بُرا ہے
اپنی نجات کے خواب دیکھنا ہی
اب ہماری زندگی ہے ــــ!

رفاقت

موت کے دہانے تک
آؤ
مِل کے ہم چلیں
اک معاہدہ کریں
چند گواہ ہوں ساتھ
کہ
ہمارے کٹھن وقت میں
ہمیں یہ یاد دِلا سکیں
کہ
موت کے دہانے تک
مِل کے ہم کو جانا ہے
ساتھ یہ نبھانا ہے — !

▲

بیداری

جلتے زخموں پہ
تری یاد کی برکھا
ایسی برسی
بُجھ گئے زخم
مگر
شور کچھ ایسا اُٹھا
گاؤں سارا جاگ پڑا — !

▲

کاش

ذہن کے جالوں میں
اُلجھی ہوئی یادوں کے داغ
جگنوؤں سے چمکتے ہیں ــ!
دل کی گود میں
کُلبلاتے رینگتے جذبے
گدگداتے ہیں ــ!
میں
حسرت سے بس یہی سوچتا ہوں
ہزاروں حادثوں کی طرح
ذہن و دل کے مُلبے میں
یہ دھنس کیوں نہیں جاتے
ذہن کے جالوں سے پرے
دُور فضا میں کھو کیوں نہیں جاتے ــ!

▲

ریشمی خنجر

رات
اک سانولا سلونا
ریشمی خنجر
چمکا
لہرایا
اور
دِل میں اُتر گیا
لمحہ لمحہ جاگ پڑا
ذرہ ذرہ مسکایا ــــ!
▲

مہک

تم
مرے پاس سے گذرا جو
ہوا کا جھونکا
اور
میں
اُسی جھونکے میں
تڑپتی خوشبو ــــ!
▲

ورثہ

منت مُرادوں کے سہارے
جیتے رہو
چونکہ
یہی اب عبادت ہے
وہ تو یہ جانتا ہے کہ تم
اب اُن ہی کا در کھٹکھٹاتے ہوئے
بس یونہی چلتے رہو گے
اُسی راستے پر
جس پہ اجداد چلتے رہے ہیں
کوشش کرو
اپنے صحیفوں کے میلے غلافوں کو تبدیل کر لو
اور آنے والوں کو تاکید کر دو
کہ
وہ سب مقدس کتابوں کے بوسیدہ مخمل
بدلتے رہیں
یونہی چلتے رہیں ۔۔۔!

▲

دوشں بر ہوا

جب زندگی
تباہ ہونے لگتی ہے
اپنے پہل کرنے لگتے ہیں
کچھ لوگ
اپنی پشت پناہی میں
اور چند ایک
دم دلاسے کی کشتی میں
لا کے منجدھار میں
چھوڑ دیتے ہیں
اور اپنی بوجھل مسکراہٹوں سے
ساحل پر کھڑے
اُلوداع بھی کہتے ہیں ــــ!
▲

ملگجا اُجالا

کبھی کھُل کر
بات نہ کرنے والی
جب کھُل کر روتی ہے
تو
چاند نکل آتا ہے
اور جسموں کا اُجالا
بن جاتا ہے ــ!
▲

مراجعت

اپنی حدوں سے دور
صبح سے شام تک
متحرک ماحول میں
منجمد رہتے ہوئے
اپنے آپ میں بہتے رہنا
ایک عطیہ سہی
لیکن
تحریک پانے کے بعد
اپنی حدوں میں
مراجعت
ایک عذاب ہے — !

▲

کہر

تمنّا
ایک کہرے کی طرح
دھندلی ہی سہی
دھوپ نکلے گی تو
چھٹ جائے گی — !

▲

تجدید

مدتوں سے
وہ اِک گپھا میں
پناہ گزیں
اپنی زندگی کے لمحوں کی
دھڑکنوں کو سنتا رہا
اِک دن
دھڑکنیں
جب تیز لَے میں ڈھل کر
فضا میں کہیں کھو گئیں
تب وہ گپھا
اک ماہیے میں ڈھل گئی
آج
وہ خود
اک گپھا بن گیا ہے
جس میں اب
اس کے اپنے
پناہ گزیں ہیں ۔۔!

▲

آئینے چُور چُور

سوچتا ہوں
تری آنکھ کا خنجر تو کبھی
ترے کانوں کی گالی بن جاؤں
اور
ہونٹوں کی حقارت بن کر
جا پڑوں تیز جھلستی ہوئی دھرتی پہ کہیں
یا پھر
بے زار و بے مقصد ہوا میں
اُڑتی ہوئی چیلوں کی طرح
اپنے آپ میں آوارہ پھروں

اور
جاگتی انگلیوں کے تیز ناخن سے
ترے زخموں کو جگاتا جاؤں
کہ
جلی مُسکان سے اور نظر کے طنز سے
آئینے بھی ٹوٹ جاتے ہیں ـــــ!

▲

کیا کریں۔؟

کیا کریں
لفظوں کے پیراہن اُٹھا کر جھانکیں
یا اُن کے چہروں پہ سیاہی پوتیں
ٹھنڈے سبزے پہ لیٹیں
یا جلتی ہوئی سڑکوں کے بوسے لے لیں
یا پھر
صبح سے شام تک
بکھری ہوئی دنیا لُوٹیں
کیا کریں
وقت کے کندھوں کے سوار ـــــ!

▲

تم اور ہم

تم نے
جن عورتوں کو
اپنے قاری سے متعارف کروایا
اُن میں
سوائے شرم گاہوں کے
باقی سب کچھ تھا
اب ہم
اُن عورتوں کی اُداس رانوں میں
شرم گاہیں بنا رہے ہیں
اب یقیناً
وہ عورتیں
اپنی کوکھ سے
بچے پیدا کریں گی — !

▲

گھات

خاموشی
لمحۂ عبادت میں سجود
خاموشی
وقت جماع میں مصروف
خاموشی
ازل سے پہلے رقصاں
خاموشی
بعد ابد کے موجود
شام خاموش
سویرا ہے خموش
اور یہی
خاموشی
ہے اِک ہنگامِ وجود ـــ!
▲

کسک

تنہائی میں
بلّی کی طرح اپنے زخموں
کو نہ چاٹو
نہ ان پر
کتّے کی جیبھ کا مرہم رکھ
تم انہیں
نمک ڈال کے روشن کرلو ـ!
▲

شعورِ مرگ

میرے بنگلے کی بالکنی کے
ایک پنجرے میں
دو "لَو برڈز" ایک دوسرے کو چوم رہے ہیں
ڈرائینگ روم میں رکھے ہوئے اک ٹیبل پہ
گڈا گڈی کھیل رہے ہیں
"اکویریم" کی سرخ مچھلیاں
اک دوسرے کو چھیڑ رہی ہیں
اور
"بڈ روم" میں ایک مسہری
دو جسموں کو لئے پڑی ہے
لیکن پھر بھی اس بنگلے میں
میں تنہا ہوں — !

▲

ردِ عمل

آئینے میں
ایک دن
دیکھ کر اپنے آپ کو
اُس نے کہا
"شیطان"
تو
آئینے نے بھی
دیکھ کر اُس کو
مُنہ ہی مُنہ میں کچھ کہا۔!

▲

چھلکاؤ

دھان کے کھیت میں
اک تلنگن
کہنے لگی یہ
" دیکھ کے تم کو
شہری بابو
جی کہتا ہے
کیچڑ کھند لوں
اور دھنس جاؤں "!

▲

وہ

(نذرِ مخدوم)

کیا شخصیت تھی وہ
ٹوٹی کہیں سے اور نہ بنی
وقت کی کمان
اُس کی مہک
فہم و فراست میں پوشیدہ
اُس کا خمار
پنہاں
فکر و نظر میں تھا
ایسا تھا وہ
دِل میں دھڑکتا تھا
ہر خاص و عام کے
جب تک جیا

جتن وہ کئے
(اجتماعی) سکھ کی تلاش کے
دُکھ درد سے نباہ میں
اپنی مثال تھا
اب ہم میں وہ نہیں
پھر بھی ہر اک موڑ پر ہے وہ — !

▲

ننگی حقیقت

بے نام سی
چار دیواری میں
شہرت زدہ
زندہ لاشوں کا المیہ بھی
کتنا خوب صورت ہے
نہ سونے کا کمرہ ہے
نہ کھانے کا ٹیبل ہے
یہاں تو بس
ایک باتھ روم ہی ہے — !

▲

نوحہ

ہم بھی کیا چیز ہیں
فکر کو آنکھ میں رو لیتے ہیں
تصوّر کو سانچے میں
ہم ڈھالتے ہیں
جب قلم تھامتے ہیں
لفظوں کے پیراہن حسن بن جاتے ہیں
سوچ کو سلولائیڈ میں ہم باندھتے ہیں
اور جب برش اٹھاتے ہیں تو
خیالوں کے پیکر اُبھر آتے ہیں
ہماری انا کا یہ رنگین پرتو
اب اک سادہ کاغذ میں تبدیل ہو کر
اُڑا جا رہا ہے

کوئی شر اسے تھام لے بڑھ کر
اور اپنی فکر کی لکیریں بنا لے
تو پھر ــــ ؟
ہماری انا کا یہ رنگین پرتو
ہماری سماعت کا، فکر و نظر کا، شامہ کا
گویائی کا
یہ سادہ کاغذ ــــ ؟
▲

تبدیلی

تمہارا وجود
اِک پرانی کہاوت سے کم نہیں
آؤ
اپنا یہ لباس
اُتار پھینکو
اور
مرے ساتھ
اس بھیڑ میں شامل ہو جاؤ ــــ !
▲

چلمن

ایک دوسرے کو
برتا کر
ننگے ہو کے چھپائے
کبھی جو چلمنوں سے
جھانکتے تھے
وہ ذہن
چلمنوں سے
اوجھل
نظر آئے ۔۔!

▲

نشان دہی

تمہاری زندگی
اک حقارت ہے
اپنی بزدلی پر تم
ایثار کا لیبل رکھ کر
اپنے آپ کو چھپاتے ہو
دلوں میں گھر بناتے ہو
بڑے سیاس ہو
کس کو بتاتے ہو ۔۔!

▲

میں ۱ء

محترم!
میں بھیڑ کی کھال میں بھیڑیا ہوں
مرے ماضی کی الماری میں
ایک بھیانک ، بدصورت بھوت بند ہے
اور یہ بھوت
تمہارے دیکھنے کی چیز نہیں
تم نے ان لوگوں کے قصّے سُنے ہوں گے
جو اندھے فقیروں کے کاسوں میں
اپنی آنکھوں کو رکھ کر
مال و متاع لے بھاگتے ہیں
میں اسی قافلے کا نگہباں ہوں
مرا کل اک حقارت سہی
مگر آج
میں اک پیمبر تو ہوں
آنے والا ہر اک پل مرا تاب ناک
میں
آنے والے دنوں کا
ایک آدرش ہوں!

▲

ساون

رِم جھم موسم میں
چلتے پھرتے اک گھر کے
پرنالے میں
گھبرائی سی اِک بلّی
ساون سے آنکھ چرائے
بیٹھی ہے
پرنالے میں ریلا آتا ہے
اور اس کو نہلا جاتا ہے
خفت زدہ سی
بھیگی بلّی
پرنالے سے باہر آئی
اور ساون سے کچھ شرمائی
بدن سمیٹا
لی انگڑائی
کودا پھاندا
یہ جا وہ جا — !

شہکار

اِک چہرہ
مَریل، مدقوق سا
حُسن کا خالق
رنگ برنگے طوفانوں میں رہ کر
دُنیا کو دیکھنے والا
اک دن
خود سے بھاگ کے جب وہ
تکنک کی شاہراہ پہ نکلا
اُس کے ہاتھ میں اک تخلیق تھی
تازہ خون میں لتھڑی لتھڑی —!

▲

یکسانیت

ثمینہ ہو کہ
سرلا ہو
یا سینڈریلا
سب کے جسموں پر
بس ایک ہی لفظ کھُدا ہے
جسے ہم
کب سے رٹ رہے ہیں —!

▲

جاذب

کبھی اک بپھرا سمندر
کبھی برسات کا ٹپکتا پیڑ
اور کبھی کورے کاغذ کی طرح
میں اُڑتا پھرتا ہوں
کسی کے ہاتھ لگ جاؤں تو
لکیریں ڈال دیتا ہے
کوئی مجبور بھری برسات میں
مرے نیچے
پناہ ڈھونڈ لیتا ہے
کسی کو سمندر کی اتھاہ گہرائیوں میں
سکون مل ہی جاتا ہے
میں ان بے چین لمحوں کو

ان کی زندگی سے
جاذب کی طرح چوس لیتا ہوں
کہ میں
اک سمندر ہوں
ٹپکتا پیڑ ہوں
اک کورا کاغذ — !

▲

تذبذب

تھکی ہاری خواہش کی پرچھائیں
اپنے مقابل نہ رکھو
یہ درپن ہے
تم اپنی محرومیاں دیکھ کر
بھول جاؤ گے کہ
ان میں تمہارے
کیف کی پرچھائیں
کون سی ہے — !

▲

آس

من کے آنگن میں
آس جمائے
سدھ بدھ بسرائے
ہل چل مہکائے
خواہش کی چڑھتی بیلوں پر
جھولا جھلائے
اِک ناگن رینگتی جائے
خواہش کی اِک لکیر جیسے
باہیں پھیلائے
ستھری کھائی میں
ہر دم بُلائے
سمجھو تو جیسے ناگ ہے وہ بھی
قطرہ قطرہ زہر انڈیلے
اور مرجائے ــــ!

▲

تشنہ لَے

نیم وا طلب لئے
رینگتی ہے لب بہ لب
بھیگی بھیگی آنچ میں
کھل رہی ہے شب بہ شب
پیاس کی کلی کلی
زندگی کی وسعتیں

روم روم
اُفق اُفق
پھیلتی ہیں کس لئے
جلو میں داغ بے کسی
سمیٹے رینگتی ہوئی
ہے تشنگی ہی تشنگی ۔۔!

▲

ہوٹل

صدیوں پُرانی
ہماری یہ دُنیا
اک ایسا ہوٹل ہے

جہاں
ہر قسم کا
گوشت ملتا ہے ۔۔!

▲

سنسر شپ

بلندیاں کنڈوم زدہ ہیں
اور گہرائی میں کُوپ پڑا ہے
کرنوں کا اک
درد سہانا
روپ کا دھارن لینے کو
مچل رہا ہے
مگر
تناسل کے سبھی چہرے
ہوئے ہیں مسخ
مرے لوگو
اب مجھ سے
کوئی تخلیق نہ مانگو ــــ !

▲

بند کواڑ

جانے کیا وہ سوچ رہے ہیں
نیلی سی اک کار میں بیٹھے
ساحل سے کچھ دُور
گھنے پیڑوں کے پیچھے
میں ناواقف بھی تو نہیں
کہتا ہے احساس یہ میرا
— " ہلکا سا اِک درد جواں ہے
بند کواڑوں کے پیچھے "

▲

دستک

تم نے خط میں یہ لکھا ہے :
" میں فکر تمہاری جانتی ہوں
واقف ہوں تمہاری سوچ سے میں "
تم نے یہ بھی پوچھا ہے :
— " طبیعت کی تھکن کے کیا معنیٰ
کیوں فکر کی شمعیں روشن ہیں
کیوں یاد سے میری غافل ہو "

▲

خوف در خوف

کوئی وجود میں آتا ہے تو
ڈر جاتے ہیں
غضب کرتے ہیں کسی کو
تو سہم جاتے ہیں
جوش و جذبے ہیں تذبذب
خواہشیں ٹھٹھری ہوئی
سہمے ہوئے اندیشے
زینہ بہ زینہ
پل پل
پاس جو کچھ بھی تھا
ماضی کی تجوری میں ہے بند
حال
بے ربط
اور مستقبل
دور اندھیروں میں چھپا
اِک عفریت — !

▲

خاموش الاؤ

تمہارے روپ کا مرمر
ریزہ ریزہ ہو چکا
مرے لئے
کیوں سنورتی ہو
اب مجھے نہیں ہے چاہ
روپ کی
رنگ کی

اب
تمہارے ساتھ کی
چاندنی بکھر گئی
روم روم بس گئی ـــ!

▲

یاد

ایک شعلے کی
عیاشی نے
سارے شہر کو
آگ لگا دی ـــ!

▲

آگہی ۔۲

مباحثوں سے
حقیقتیں بدل نہیں سکتیں
مباحثے بند کرو
حقیقتیں قبول کرو
جس طرح
یہ حقیقت ہے کہ
تمہارے اجداد شکار کے لئے
جنگلوں میں جاتے تھے
اسی طرح
یہ سچ ہے کہ
ہم اپنے تعمیر شدہ جنگلوں میں
خود اپنا شکار کر رہے ہیں ۔۔!

▲

بوجھل لمحہ

لمحوں کو کس نے مارا ہے
وہ تو خود ہی مر جاتے ہیں
اور مرنے سے پہلے
ققنس کی طرح
اپنی موت سے
اک زندگی کا اہتمام کر جاتے ہیں
لیکن
نیا لمحہ
پچھلے لمحوں کے مقابل
ہوگا زندگی سے معمور کتنا
کوئی نہیں یہ کہہ سکتا ــــــ !

▲

سکون

خود کو زخمی کرد
اور
ان زخموں سے ٹپکتے ہوئے
بوجھل پتھر
ذہن و دل پہ مارو
اور
ڈوب جاؤ
کرب کے سناٹوں میں ـــ

نئے پیمبر

اپنی تحریروں میں
وہ
مقدس کتابوں کو منتقل کر رہے ہیں
اُن کے قاری
کوششوں پر اُن کی
داد دیتے جا رہے ہیں
اور
ان کی لکھی ہوئی کتابوں سے
پھاڑے ہوئے اوراق میں
اُن کی عورتیں اپنی کثافت باندھ کر
اندھیروں میں پھینکتی ہیں
اور اُجالوں کے خاکروب

اُنھیں اُٹھا کر
نئی بنیادوں میں جھونکتے جا رہے ہیں
اور ہم
درس گاہوں کے اندھیرے میں
مقدس کتابوں کا علم بھوگ رہے ہیں ـــــ!

▲

وحشت

تم سب
کسی میدانِ جنگ میں
ایک بھیانک لڑائی لڑتے ہوئے
مَر کیوں نہیں جاتے
مجھے
میدانِ جنگ میں
لاشوں کو دیکھ کر
افسوس نہیں ہوتا ـــــ!

▲

اِعادہ

لاج کی ماری
بہت سی سرد عورتیں
چہروں کو آنچل سے ڈھانپے ہوئے
اپنے مردوں کی رانوں میں اُلجھی ہوئی
تصوّر تصوّر میں
محبوب کے بچوں کو جنم دیتی ہیں
اور ہزاروں نامرد
اپنے بستر میں
ذہنوں پہ چھائی ہوئی عورتوں کے سہارے
مرد بن کر اکڑتے ہوئے
اپنی عورتوں کو بار آور کرتے ہیں
ان ہی نسلوں سے
ہے تعلق ہمارا
روایت
اِک داشتہ بن کر ہمارا ہاتھ تھامے
ہم سے کھیلتی ہے ۔۔!

▲

اقدار

ہونٹوں میں
شہد
آنکھوں میں
حیا
اور بدن میں
چُمبک
اِن کے سہارے
عیدن بائی
اِس دنیا میں
ہے زندہ
لیکن
رستم خاں کی لڑکی کا ہے
جینا مشکل !

مشاہدہ

سولہ سال کی اک بڑھیا کو
دیکھا میں نے
شہر کے اک کونے میں
ہاتھ پسارے
مانگ رہی تھی
اپنی جوانی ـــ !

رقصِ تشکیک

زخمی دریچوں کی
بے تاب خوشبو
تمہارے پیراہن
کی جھل مِل میں رقصاں
سحر کے ستارے کی صورت درخشاں
معکوس اُجالوں کی
ہم رقص ہوتی چلی جا رہی ہے
توازن سنبھالو
ابھی تم نئے ہو ـــــ توازن سنبھالو
نظر کو اُٹھاؤ کہ
بے تاب خوشبو کی لَے میں فروزاں
نیا رقص ہے یہ ـــ!

▲

ایجنٹ

وہ
مرے گھر کے ڈرائینگ روم میں
بیٹھا ہے
اس کے ہاتھ میں جو جام ہے
وہ میرا ہے
جام میں وہسکی میری ہے
وہسکی میں سوڈا میرا ہے
لیکن چہرے پر
جو مسکراہٹ ہے
وہ
اُس کی نہیں ہے ــــ!

▲

رہن سنٹر

یہ دُنیا
اک "رہن سنٹر" ہے
زمانے کے ہاتھوں
اگر ہو
زنبیل خالی خیالات کی
تو جا کے مانگو
قرض افکار کے
یہاں
سود در سود
وصولی کی بنیاد پر
کچھ نہ کچھ مِل ہی جائے
کام چل جائے گا ــــ!

بے خودی

مدوّر
گول سے مرمر
گلابی آنکھ کے ڈورے
سیہ زلفوں کی زنجیریں
بدن سے جھانکتی خوشبو
لبوں پر کھیلتے جگنو
مرے تخلیق کے جذبوں کو
جب
سہلانے لگتے ہیں
تو احساس ہی نہیں رہتا
کہ مرے ساتھ کمرے میں
خدا بھی ہے — !

▲

عرفان

اپنے روپ کو دیکھو
ذہن کو پڑھ لو
دل کو محسوس کرو
کہ
کیا ہے
وہ اک چہرہ
وہ اک جذبہ
وہ اک ذہنی سطح
جس تک
نہ ہم آئے نہ تم پہنچے
یہ سب کچھ
ہمارے تصوّر کا
تذبذب ہے — !

▲

گھات

پیاس

پیاس
اتنی بڑھے
بڑھ کے جوالا بن جائے
اور بڑھے
چمٹی قطروں میں
مہکتی جائے
بڑھ کے چھین لے
خرمنِ ہوش و حواس
پیاس
ایسی بڑھے
جیسے لہراتی چمکتی تلوار
اور پھر ایک ہی وار ـــ!

▲

حال

ماضی کی کیچلی
اُتار کر
مستقبل کے خول میں
داخل ہونے والو
اس انتقال کے درمیانی
وقفے میں
جسے تم حال کہتے ہو
مصلحت کی قبا میں
خود کو کب تک چھپا پاؤ گے
اپنے مقابل
ہر دم خود کو پاؤ گے
اور پچھتاؤ گے ـــ!

▲

کوئی تو ہو

کوئی تو
بے وفا ہو
کہ
زندگی
بے ربط ہو جائے
دلوں کی آنچ بھڑکے
اور
بدن کی
پیاس بڑھ جائے
کوئی تو ہو—!

دھن

تمہاری تنہائیوں کے
کالے
مہیب
صحرا میں
اپنے سائے پہ
کب سے
تنہا کھڑا ہوا ہوں

زندگی

ہماری محبت
محض بناوٹ
نباہ
دنیاداری
بس اِک عادت
کھوکھلے آدرشوں سے
اک حسین بیماری
کہ
خود کو پاکر بھی
اپنی جُستجو
اور
کھوکر خود کو
اِک بے قراری—!

▲

کچھ تو ہو

اُف
یہ حالات کی یخ بستہ بل
پگھل تو جائے
کہ
منجمد خطرے
بڑھتے پھیلتے
میرے پیچھے چلے آئیں
اور
میں
خوف سے ہانپتا
آگے بڑھتا ہی چلا جاؤں—!

▲

خواہش کا سیاہ رنگ

خُوباں

جو اِک مَینا ہے
(کالی پہاڑی مینا)
اُس کے ناڑے سے
لٹکی رہتی ہے
اور پنجرے میں بیٹھے
توتے کی مانند
اس کی سوچ
بس یہی رٹتی رہتی ہے
" کاش
مَینا کی آنکھ میں
توتے کی پُتلی ہوتی ـ!

▲

اشارہ

مجھے
میرے اندر ہی
ڈھونڈو
مجھے
مرے خمیر میں
گوندھو
نہ میں کسی میں ہوں
اور نہ کوئی مرے اندر
مرے وجود خام میں
کسی اور کی جُستجو
خیالِ خام ہے ـ!

▲

کونپل

کل
اک قتل گاہ میں
جب میں قتل ہوا
تو خوشی سے
روم روم کھِل اُٹھا
درد
قطرہ قطرہ بہہ گیا
کرب
تڑپ تڑپ کر سو گیا
مگر
میں جاگتا رہا
کہ
یہ مراث
اب کوئی چُرا نہ لے — !

▲

ملبے ـــــ آنکھیں

(بمبئی ءا)

یہ کیسے لوگ ہیں
جو
اپنی ٹانگوں سے نہیں چلتے
بس
آنکھیں اِن کی چلتی ہیں
آنکھیں اِن کے پیٹ ہیں
اور آنکھیں ہی شرم گاہیں
یہ کیسے لوگ ہیں
جو اپنی ہی آنکھوں میں
سمٹتے جارہے ہیں
جو اپنے ہی ملبے میں
اُترتے جارہے ہیں ـــ!

▲

واسوخت

(بمبئی ۔۲)

عمارتوں کے جنگل میں
بوڑھی پگڈنڈیوں پر
رینگتے ہوئے بانجھ
مرد و زن
اپنی پہچان تلاش رہے ہیں
اور
اپنے ڈسٹرب چہروں کو
حیران دیکھ رہے ہیں کہ
ان میں کون سا چہرہ
مناسب ہے
جس میں انھیں آسودگی
مل سکتی ہے
عمارتوں کے عظیم جنگل میں
سپاٹ مرد و زن
پرانی بوسیدہ راہوں پر
ایک دوسرے میں
جھانک رہے ہیں ــــ!

▲

فہمائش

(بمبئی ۔۳)

صبح اٹھو تو
یہاں
خود کو پرنام کرو
پھر
چل پڑو
لمبی سڑکوں پہ
مگر
احتیاط شرطِ اول ہے
کہ
یہاں کُتے بھی
سائیڈ سے چلتے ہیں ۔!
یہ شہر
بمبئی ہے ۔!

▲

کھوکھلا سمندر

(بمبئی ۴)

بھاگتی ٹرینوں سے
لٹکے ہوئے سبھی کھوکھلے جسموں میں
خالی میدانوں سی سسکتی ہوئی گونج ہے
ذہن
بوسیدہ فائیلوں کے انبار
نگاہیں
باتھ روموں کے میلے آئینے
دِلوں کی دھڑکنوں میں
ٹائپ رائٹر کھٹکھٹاتے ہیں
بے ہنگم لبادوں میں بسی زنگ آلودہ
پسینے سے بھبھکتی، چپچپاتی
اک کثافت

جب
ٹرینوں سے اُبل کر
راستوں پر بہنے لگتی ہے تو
بمبئی
دہلنے لگتی ہے — !

▲

مَلبے میں دبا موسم

بے کراں مخملی وادیوں میں
سفید کالے سُبک سے گھوڑے
ایالیں اپنی اُڑا رہے ہیں
بدن سے نکلتے پسینے کی
مست جھاگ مہکاتے
قدم ہلا رہے ہیں
پھلوں اور پھولوں سے بار آور
جنگلوں میں ہوا پھنسی پھنسی سی
ہُمک رہی ہے
بیتے لمحوں کی کرکریاں بھی
ڈگر ڈگر پر چمک رہی ہیں
سفید گالوں سے بادلوں کی نفیس چادر
پہاڑیوں کی مخروطی چوٹیوں پر
ڈھلک گئی ہے

حسین یادوں کے صندلی در بھی
نیم وا ہیں
چمن چمن مرا ہم سفر اب
کلی کلی راز داں ہے
خزاں کے ننگے بدن پہ
اب اِک نئی قبا ہے ــــ!

▲

انتقالِ خوف

کروڑوں سال سے
اُس کا
بے تکلف خوف تھا ہم کو
کروڑوں سال تک
اُس کے خوف سے لڑتے رہے
کھیلا کئے
مگر اب
اُس کے خوف سے بڑھ کر
اپنے آپ سے سہمے ہوئے ہیں ــ!

▲

میں ۲

میں شاعر ہوں
ادیب ہوں اور نقّاد بھی
تمہارے بدن کے سڑے زخموں میں
قلم ڈبو کر
لہو اور پیپ لکھتا ہوں
میں اپنوں کے گھروں میں پیار سے آتا ہوں
اور ان کی نفرتوں کے ساتھ جاتا ہوں
میں
اُبھرتا ہوں مَردوں کی ہوس بن کر
اور کراہوں میں عورتوں کی اُترتا ہوں
میں
خدا ہوں اور نہ شیطان
پھر بھی ہر جگہ
مری عزت بھی ممکن ہے
مری ذلت بھی ہے ممکن
مرا تہذیب سے رشتہ پُرانا ہے — !